幸福財神來敲門

比秘密更有力的宇宙法則

Lucky God

許世賢 著

新世紀美學 出版

不論你是貓、人或神，這是一本改變一生，甚至來生的書。

每個人心中都有足以召喚一切，具足一切的守護神。他以各種面貌呈現，以財神面貌呈現，以慈悲長者形象呈現，以自己的面貌呈現，你是化身也是分身，在生命歷程裡扮演各種角色。你也是所有人生命中的幸福財神。翻開這本書，透過映入眼簾的文字符號與影像，你已開始運用幸福致富的宇宙法則，你已經美夢成真，就是今天，就在當下。

目次

幸福財神來敲門
比秘密更強大的宇宙法則

幸福財神來敲門
比秘密更強大的宇宙法則

目次

幸福財神來敲門
比秘密更強大的宇宙法則

目次

當財神遇見詩人藝術家

詩人藝術家正在享受他一天中最愉快的時光，書房裡飄盪莎拉布萊曼的空靈歌聲。紙上信手塗鴉，他同時也是個知名的企業識別設計家，心想當下真是幸福的一刻。

幸福財神來敲門，端坐沙發面帶微笑，把官帽往桌上一擺，兩人會心一笑，在廟裡聽夠了各式各樣五花八門的祈求，現在也是他一天裡的魔幻時刻。「今天我們談點甚麼？」財神說。「我們來談談幸福與財富的秘密。」詩人說。

詩人想寫一本幸福財富的書，但有人堅持把幸福字樣拿掉，認為會買跟財神有關的書，一定不喜歡看到幸福字樣，幸福跟財富不但沒有關係，而且會是票房毒藥，好像現代詩集或詩刊一樣。「這的確是個好問題。」財神說，「來拜拜的信徒經常不厭其煩地祈求財源滾滾，比較少提到幸福美滿的字眼，所以我手上一定拿個元寶，套句現代CIS概念，這是我的識別符號。但也是該改變形象的時刻了，現在起我想被稱為幸福財神，請你幫我官帽上的太陽設計成愛心好嗎？」

詩人藝術家與幸福財神天南地北的聊了起來，暢談圖騰、符號、宗教信仰、量子物理學與神祕學。作為一個廣受愛戴的神也必須不斷充實新知，以因應社會演進。

他們的對話由淡水城開悟的貓節錄整理，淡水城位於河海交界之處，許多行腳的貓已經聽聞這個對話。所以淡水城的貓往往不缺食物與愛心，從老街到漁人碼頭，到處都有它們的足跡，神色安詳，泰然自若，他們都知道吸引力法則，有關幸福財富的秘密。淡水城開悟的貓在幾個聽聞的羅漢貓協助下集結，紀錄整理成本書內容，有關幸福財富的秘密、幸福財富的法則與永恆財富的秘密。

財富是所有人不可或缺的生命元素，但有智慧的貓都知道，貓的一生不只是日復一日追求食物，有些貓經常獨處冥想，或樂於助人，貢獻一己之力，不虛此生。如何正確地立下目標，遵循宇宙法則過著幸福快樂的日子，又能夠了解永恆財富的秘密，不論是貓或人都應深入探討。這本書也提到藝術欣賞與創作的秘密，如同創造有形財富，同時享受豐盈的心靈財富、幸福財富，在生生不息的生命之旅中，不斷積累永恆財富，彰顯生命價值與意義。不論你是貓、人或神，這是一本改變一生，甚至來生的書。

前言

廣泛流傳的宇宙運行法則

吸引力法則流傳已久，在地球人類古老經典中普遍揭示，這不知所考的宇宙法則在各個宗教經典裡，在各個鼎盛的古老文明也看得見身影。無論使用不同語言宣講詮釋，宇宙真理只有一個，並不因信仰觀念而有差異。但現代科學發展日新月異，量子物理學等科學開始印證此一法則的存在，那就是我們都是意識流轉不朽的存在。

這具有意識的宇宙存在各式生命型態，各種意識交會其中，我們都是宇宙意識的片段與個體，彰顯個體也是彰顯全體的形式。我們的存在即是奇蹟，遑論我們的意識可以改變周遭環境，創造無限可能。意識能量像電波的存在，是物質也是非物質的存有，讓我們得以改變一切自己的劇本甚至集體意識。

吸引力法則讓人們從層層心靈桎梏解放，信念左右我們的極限，只要我們無視限制的存在，限制即不存在。運用想像力，每個人都是集體創造的藝術家。如何彩繪自己的人生，發揮自己的潛能，每個人都能達成自己的夢想，不論這夢想是大是小。很多成功人士運用吸引力法則而不自知，你也正在運用吸引力法則，只是導引正面或負面的不同結果而已。許多出類拔萃的音樂家、藝術家、運動家也是運用想像的力量，達成創造非凡的作品與成就。

這是個由意識與微小粒子組成的宇宙，任何意識能量都可以重組，成為任何想像得到的生命型態。大到整個宇宙意識，小到粒子意識的存在，一切都在引力法則的驅使下運行。這是個友善的宇宙，如果我們以友善的態度面對，這是個充滿愛與慈悲的宇宙，如果我們內在充滿慈悲與愛；這是個資源豐沛的宇宙，如果我們以豐沛盈滿的心感受。當下感受的無限感動，讓我們幸福滿載，富足感恩。

不論人或他次元空間存在的意識，只要切換頻道都可接收到源源不絕的能量與奇異恩典。在腦海裡生動想像，用意識召喚一切相應的人事物或生命情境，都會夢想成真。熱情感受是其中奧妙，這也是所有祈禱獲得應許的關鍵，來自內心深處的真誠感受具足一切。描繪自己內心嚮往的影像，感受身在其中的心靈悸動。本書收錄宛如夢想板的影像，及著眼於此。你也可以動手剪貼自己的夢想影像，或把本書影像當成自己的夢想板，感受吸引力法則神奇的力量。

1 幸福財富秘密法則

噴發狂烈焰火
點燃沖破大氣的豪情
筆直升空翱翔雲端
飛出自由的靈魂

嘶吼大地雷鳴
揚起真實不虛的旋律
穿透地表鏤刻音符
唱出覺醒的靈魂

攪動漫天星斗
書寫莊嚴生命的詩篇
彩繪星海燦爛銀河
畫出浪漫的靈魂

宇宙運行的法則

精密無痕的宇宙法則

花朵綻放優雅墜落，入土重生。我們睜開眼睛開始的每一天，都是不可思議的奇蹟。日光照射每個人臉上，提醒你一件事，你生活在生命的奇蹟。看看自己的手，正翻開書頁，閱讀紙上的符號，用心體會遠端傳遞的訊息，穿越時空。仔細想想，這是多麼神奇的一件事。人類的思維能夠創造無限的事物，這世界是意識與思想創造出來的。而宇宙法則驅使宇宙萬物依序運行，星系與星系的互相牽引，星球上繽紛生命的綻放，都有一個強大的力量維繫著整個宇宙的運行。

在人類遠古的文明遺跡裡，以及現存世界各種古老典籍，都曾揭示宇宙法則，指向同一真相。當我們的意識流轉與宇宙意識合一時，源源不斷的靈感浮現腦際。而我們的意識與宇宙意識的連結，就在我們內心深處，我們內在世界的力量強大到足以改變物質。有史以來，許多偉大心靈了解這個法則，並依此創造了各個文明國度，音樂、藝術、文學、科學等，各種心靈活動的美妙盡顯其中。物質文明的財富與經濟發展，讓我們享受各式生活便利與樂趣。科學探索讓我們航向宇宙無垠星系。人類心靈的進化，讓集體意識得以昇華。這一切都來自心智的活動，內在的力量。

認清我們是宇宙獨一無二的存有，心是連結宇宙萬物的樞紐，我們就可以改變自己的命運。這就是念力的秘密、祈禱的秘密、美夢成真的秘密。運用我們理解的宇宙法則，體會內在力量的強大，以及內在世界擁有的無限潛力，我們可以跟宇宙意識合一，改變自己，改變世界，改變周遭生活環境所有的一切。

當我們了解宇宙法則，依循宇宙法則思考，內在世界的改變，將改變外在世界。光明思想取代灰暗負面的思維，內在世界的智慧得以彰顯。運用潛意識我們與宇宙意識結合，讓宇宙意識重組實現我們願望的人事物，這就是吸引美好事物到我們面前的關鍵。只要信仰，我們必得成就。宇宙法則存在宇宙任何角落，這豐富強大的力量與資源，就是創造財富的關鍵，你將發現豐沛的宇宙，源源不斷的能量尾隨光明思想。

全像法則

宇宙是超大型的頭腦

這是一個連結的宇宙，靠吸引力法則連結宇宙萬物，像盤根錯節的網絡，像我們的大腦神經突觸，釋放各種不同的波動。簡單的說，我們的大腦是個微型宇宙，而宇宙則是超級大腦的意識存有。所有人的大腦都存有與宇宙大腦相連的神經突觸，透過心念思考，觸動感應的樞紐情感，我們就與宇宙產生相應的連結，這也是祈禱或觀想產生力量獲得回應的關鍵。

合一法則

宇宙萬物連結一體

宇宙萬物連結一體，所有物質與非物質能量環環相扣，如果你的意識與宇宙意識合而為一，可以驅使所有物質與非物質的存在。這是吸引力法則強效的根本。許多古老經典指向同一真理，也許使用不同名相，都不脫離萬物合一的基本法則，因緣際會，環環相生，你的存在與周邊生命息息相關，在宇宙中流轉，而且是不朽的。透過專注祈禱、冥想沉思，與宇宙合一，你可以無懼的存在。

分形法則

宇宙所有極大極小的結構都是全像的分形

這是一個十分重要的法則，許多古文明流傳的醫學與傳統中醫都強調：人體是一個小宇宙，相對於大宇宙的存在，許多運行原理是相通的。科學家發現粒子的世界與整個巨大宇宙都有相似之處，意識是構成宇宙的生命元素。宇宙萬物的結構是精密的數學演算，宇宙生命的存有也是分形的一部分。所以我們透過顯微鏡，看到一層層相似結構的幾何構圖，無邊無盡，美不勝收，提醒我們以全像思考的秘密。

意識法則

宇宙是個龐大的意識存在

生命意識存在所有物質生命與非物質生命，當然有存在集體意識。動植物有意識，日月星辰也有集體意識。所以當地球意識到生存危機，也會有情緒反應。而人類的集體意識改變，這世界也跟著改變。這源頭是宇宙意識的存有，所有生命意識都與宇宙意識連結一體。當我們的意識是正面積極的，形同向宇宙發出我們的期待，宇宙意識必定給予正面回應，不論你透過什麼神祇祈禱，心誠則靈就是這個原理。

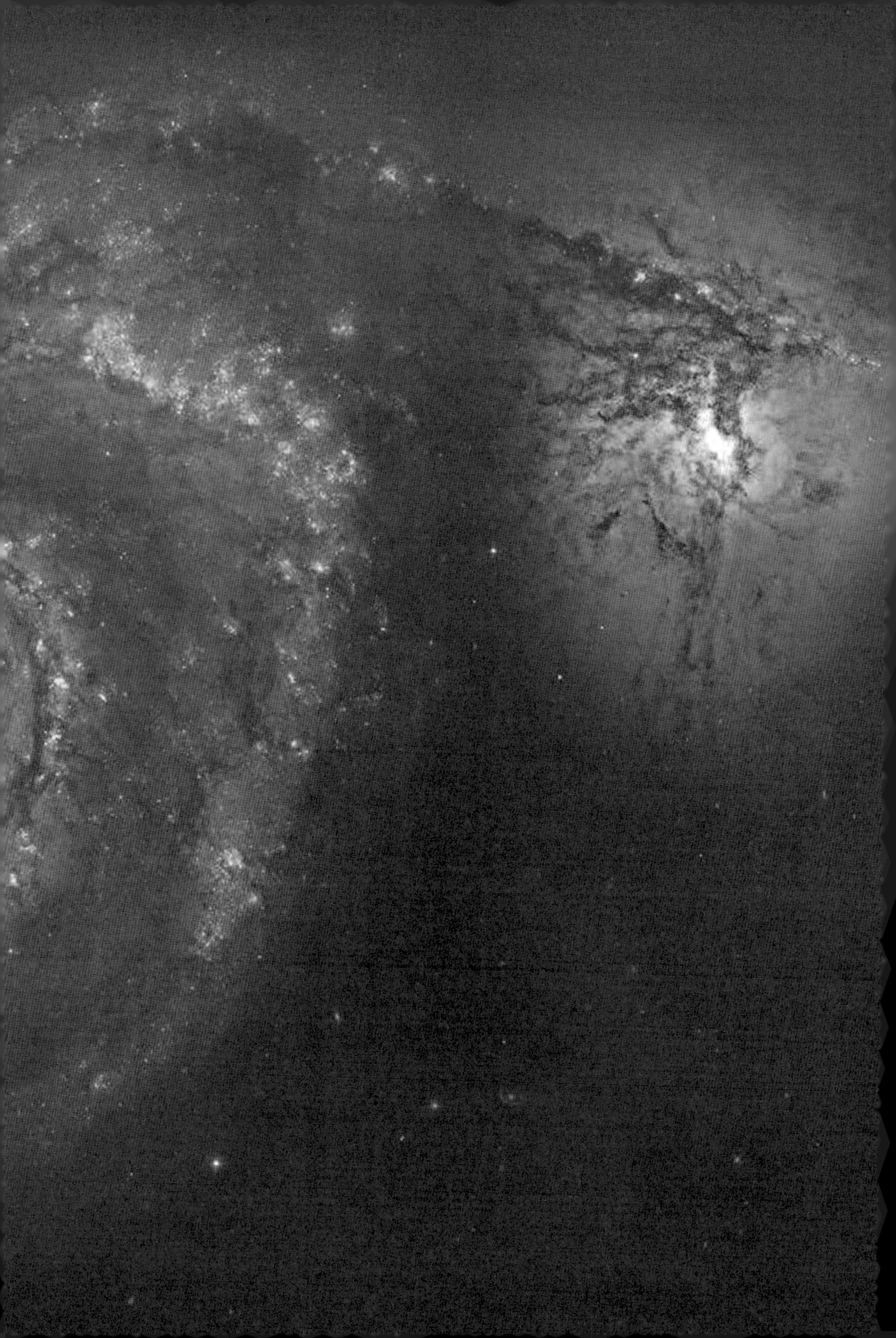

心靈法則

心靈是靈魂進化的財富

任何致富法則都不能違反內在心靈的法則，否則都是徒勞無功的過眼雲煙。不論有形財富或無形財富的積累，心靈富足才是終極幸福的指標。在追求財富的過程中，心靈力量無遠弗屆，相信自己內在心靈的力量，讓人類登陸月球，積極向宇宙未知的世界探索。熟諳心靈法則的大師存在各個領域，以他們所創作或創造的作品與事物，對世界發揮強大的影響力。知道生命永不止息的宇宙法則，使用內在無窮心靈的力量，你也可以創造無限可能。包括財富、才藝、愛與幸福。

統一場法則

宇宙萬物不論大小都統一運行在相同法則

愛因斯坦窮其一生探索宇宙的秘密，他認為宇宙萬物運行的法則是一致的，統一在相同法則之下。量子物理學讓人類科學得以更寬闊的視野探索各種可能性。但宇宙真理只有一個版本，不論宗教、哲學或科學各自解讀，真相必定只有一個。相信自己的內在存有宇宙真理的答案，用心感受，這是你今生存在的功課，不要迷信他人的解讀。如果你相信自己與宇宙意識連結，你不需要太多代言人。

吸引力法則

因緣際會環環相生的宇宙

宇宙萬物不論有形無形，成住壞空，都是因緣際會環環相生的存有。所有物質非物質都因引力法則得以存在，這股力量重新組合各種生命型態，導引事物的發展。慈悲與愛是最大的吸引力，如果心存善念，思想美好願景，你可以吸引所有構築美夢需要的情境與能量，以不同形式出現。如果你心存懷疑，投射負面的憂慮與恐懼，你也在吸引所有導向恐懼結果的呈現。要美夢成真，就想你要的，不想不要的。

因果法則

宇宙因果律無可抵擋

菩薩畏因，凡人畏果。改變命運或改變世界要由心開始，因果律不是宿命論，理解因果律，讓我們積極為美好事物與願景而努力。所有生命情境的存在都是一種焠鍊，當我們廣種福田，友善面對這個世界，這世界必回報以友善。過去、現在影響未來，讓未來呈現各種可能性。過去、現在與未來也可能並存。我們與宇宙既然是意識的存在體，我們的意識也可以用善用現在的思維，改變過去，影響未來。

2 美夢成真的生命奇蹟

我的心隨風在地表起伏
行囊裝滿異域風情
散播歡樂與希望的種子

我的靈魂循光明通道旅行
隨透明浮現宇宙藍圖
朗讀穿越時空動人詩篇

我的瞳孔映照美麗蒼穹
遙遠故鄉閃爍思念
指引地表盡頭流浪的心

我是用生命流浪美好
譜寫漫天星斗的遊吟詩人
用星雲賦詩的旅行家

實現法則

如果你要航行大海，享受遼闊海洋清風拂面的樂趣。你可以在腦海浮現那樣的影像，描繪那細緻的畫面，就像你現在從左頁看到的景象。你可以再細緻一點，感受吹拂臉上的風，以及閃爍臉龐溫煦陽光。體驗你正隨風帆浮沉海面，感覺身體輕微晃動，輕盈的感覺。運用想像力，以你可以搜尋到的所有印象，具體在腦際描繪已經實現夢想的畫面，感覺那真實的感覺，然後宇宙就會把那感覺帶入你的生命裡，這就是實現法則。從身邊的小事物開始練習，感覺才是實現的根本，光想像是不夠的，感覺實現願望時沉醉的感覺，才是美夢成真的關鍵。

3537

感恩法則

感謝你現在所擁有的一切，你感受到愛，陽光、空氣、水，你還能呼吸。當然不只這些，仔細想想承載你生命的身體，他如何誕生，成長到現在。找出生命中值得感恩的人事物，當你沉浸在感恩的情緒，你內心油然升起滿滿的愛，因為你感受愛的頻率，與宇宙連結，慈悲浸潤你的心靈。這感謝的情緒感受，會吸引更多這樣的感受。你也懂得分享這種感受，成為別人生命中的天使，不求回報。僅僅感恩的感覺就吸引更多值得感恩的情境到你生命之中，當然你的願望就在其中。

情緒法則

讓祈禱生效的是情緒

古老文明存在許多儀式，透過圖騰、音樂、舞蹈與詩歌，讓人們內心產生心靈悸動，也就是內在情緒產生共鳴，得以跟不可知的力量相應。這也是許多精神修練、藝術與宗教儀式產生力量與改變的原因。

當許願或祈禱時，你必須專注當下，融入當下的生命情境，直到情緒產生為止。這是藝術表演創作感人肺腑的原因，你將生命的願景融入生命情境，以情緒點燃，宇宙意識才會產生共振，深受感動。

友善法則

再沒有比友善更重要的宗教法則

友善萬物如同友善自己，失去友善的態度，與萬物的鏈結嘎然中止。友善生命的態度，帶給周邊生命磁場產生良善和諧的震動，充滿光明能量。友善對待小動物，友善進入生命情境所有的生命，讓慈悲與愛在內心滋長，你就與友善的宇宙意識合一。還有什麼比這更能讓你的生命獲得愛與能量的途徑，當你的微笑激勵生命，回報你的是溫馨幸福的情緒。你的願望就是宇宙的願望，你的夢想宇宙必然成就。

寬恕法則

讓寬恕捨棄怨念打開生命之光

沉迷在恨意的情緒是可怕的負能量，形成環環相扣的連鎖反應。當內心不斷反覆咀嚼恨意，將被負面思惟與能量禁錮，看不到光。當我們打開心靈之光，與友善的宇宙意識重新鏈結，迅速洗滌內心的哀傷。寬恕他人也寬恕自己，傾聽內在生命的對話，讓生命繼續向前轉動。生命永無止境地輪迴，許多情境一幕幕歷史重演。因緣際會，擺脫負面陰霾，將生命導向光明璀璨的畫面，為自己與他人畫一道光。

希望法則

只要抱持希望永遠不會失望

抱持希望讓生命充滿喜樂，抱持希望讓光明驅逐黑暗。人生從挫折中成長，讓靈魂更形堅韌，心靈層次不斷提升。永遠懷抱希望，所有你面對的低潮立即開始消退，宇宙立即應許你改變的情境發展。許多永不放棄，轉危為安的生命奇蹟也將成為你的生命奇蹟。抱持希望，你就正在往改變的路徑前進。抱持希望，你就立即召喚宇宙所有改變的力量。思想可以改變一切，不論有形或無形，所願成就。

愉悅法則

一轉念就改變世界的秘密

貓輕盈跳動，蝴蝶多彩繽紛，睜開眼睛看見美麗新世界。這世界充滿愉悅的情境，一個蹣跚走步的小天使，一個微笑的小嬰兒，都是宇宙提醒你生命美好富足的證據。請報以微笑，從內心深處隨時保持愉悅心情。所有接觸你的生命都受到你微笑的震動，感受你的愉悅。你心中期待的富裕情境將反覆出現，不費吹灰之力。假如你是詩人，收起抱怨的筆觸，你心中有光，你的筆下就有光。

潛意識法則

潛意識是成就生命藝術的大師

所有偉大的科學家與藝術大師都在運用潛意識的力量，人類的大腦開發有限，顯意識不足以了解因應宇宙的奧秘。只要把心中目標願景深刻描繪，抱持熱情，直到身歷其境的感覺湧現，深受感動，喜悅盈滿。然後拋諸腦後，交給潛意識運作。潛意識會精準地提供你完成目標所需的靈感，完美方案悄悄浮現，而你將充滿行動熱忱。這是所有藝術大師的秘密，也是美夢成真的關鍵法則。

思想法則

宇宙是我們思想出來的

人類最大的精神力量是思想，所有的物質文明都是人類想出來的。所有的美好事物，不論音樂、藝術、文學、詩歌與科學都是人類思想的具體成就。相信思想的力量，善用思想的力量，幫助你實現你心中願景與期盼的成就，你可以成為任何你想成為的人。偉大的音樂家、文學家、藝術家與政治家都熟諳思想的法則，他們運用思想的影響力改變世界，懷抱希望，成為其他生命的燈塔，你也可以。

想像力法則

想像力是最精密的自動導引系統

先想像投籃成功的畫面，先想像射中靶心的景象，在心裡反覆練習，直到感覺情緒浮現為止。心靈的想像力讓設計家完成蘊藏生命能量的符號，讓音樂家完美演出，讓賈伯斯創造奇蹟，讓無數美好事物在世界呈現。想像你對世界的貢獻，以及你的貢獻獲得肯定，興奮不已的一刻。想像你的演出帶給他人的激勵，想像你的致富帶給他人的協助，想像你幸福的生活。當然你也可以想像你的存摺增加好幾個零！

共振法則

共振的力量移動整個星座

有人與神對話，也有人向宇宙下訂單。使用的語言就是能產生共振的情緒，能夠打動宇宙意識的語言。我們欣賞藝術創作，感受美好生命，欣賞美景，也是讓我們的心融入與外界的共振頻率，真摯感動。擁有財富的人與財富共振，喜歡登山航行的人與山的頻率共振，與海洋共振。當我們面對美好事物，我們滿懷欣喜地祝福，我們就產生與這些美好事物的共振，我們的生命也會出現這些美好事物。

mac
228
106
207

相應法則

轉動內心的頻率就能美夢成真

有求必應，只要轉動你內心的頻率，撥接豐盈富足的頻道，就會接收源源不絕的財富，不論是有形財富、心靈財富與幸福美滿的財富，這就是相應法則。不論你信仰什麼宗教，親近什麼神，只要虛心祈禱，撥接相應頻道，必然靈驗，那個頻道是慈悲與愛。喜悅盈滿，充滿利他情懷，甚麼樣的神不積極協助你實現你自利利人，豐盈宇宙的願景。如果你只是祈求自身利益，還是有效，但效果遜色不少！

漣漪法則

心靈力量產生的漣漪無遠弗屆

心靈的念力以波的形式漣漪擴散，不受時空限制，瞬間傳遞任何訊息。彷彿蝴蝶效應揭示的原理，任何微小粒子的改變都會影響整個環境。只要專注冥想，人類集體意識的改變足以改變世界，這是經過科學印證的事實，當然你的意識改變可以改變你的命運，以及你眼中的世界。不要輕忽自己的心靈與思想，負面的思想會造成思想的漣漪，以正面思想閱讀或創作，讓自己的心靈思想創造光明能量。

重複法則

重複的力量碩大無痕

重複的力量十分強大，如海浪拍打岸邊礁石，如音樂節奏的震動。撼動山岳，單單重複呼與吸的動作甚至使人開悟，許多神奇的事物都在重複中產生，武術、運動與藝術的鍛鍊與創作，都是重複又重複以臻化境。致富的藝術也是思想不斷重複的結果，在重複進行深層的思想中，彷彿於心靈深處，為宇宙意識一遍遍塗布繽紛色彩，將心靈願景深深烙印，產生強大信念，召喚一切實踐夢想的力量。

聚焦法則

聚焦於心中願景產生強大能量

彷彿擊劍在流動的時空中不斷變換位置，又不斷專注聚焦對手瞬間暴露的空隙，心靈的焦點專注在想像的時空，勾勒打擊到對手的剎那光景。兩個交鋒武士的互動宛如心靈舞蹈，在虛空糾纏，打擊的瞬間打擊者與被打擊者已渾然一體，合而為一。聚焦法則讓藝術創作者凝聚強大心靈能量，這思想匯聚的心靈力量，是生命意識與宇宙意識合一的當下，神來之筆與靈感就在這忘我的一刻顯現。

和諧法則

和諧互動產生無與倫比的美感

美麗的事物總是綻放令人迷眩的感受，和諧的互動讓生命展現醉人風貌。歡愉喜悅的表情，齊一靈巧的動作，激發觀賞者與舞蹈者最真摯的心靈交感，讚嘆宇宙如詩美麗光景。各種藝術的美感都在揭示和諧的美感律動，音樂、繪畫、舞蹈與詩歌莫不如是。這是心靈富足的具象呈現。失去了這些，貨幣財富顯得蒼白無力。一個心靈豐富企業家的迷人風采不亞於創作快樂頌的貝多芬，這就是心靈財富的魅力。

關聯法則

宇宙萬物的發展息息相關

生命在宇宙交織如網，一旦產生鏈結即永遠互相吸引，這就是關聯法則。宛如量子糾纏，將曾經相連的兩顆粒子分置宇宙遙遠兩端，依然產生關連互動，這可以解釋因緣際會產生的因果關係，也可以印證吸引力法則的強大引力。即使錯過不同時空，輪迴轉世的靈魂總是再度相遇。所以珍惜你今生所遇見的每個人，他們都曾是與你息息相關的美麗靈魂，總是在靈魂進化的旅程中不期而遇。

同化法則

同質不同質的碰撞交融同化

近墨者黑，近朱者赤，不同屬性的人事物會相互影響。當正面光明的力量強大，光明粒子就照亮同化了黑暗力量，反之亦然。慈悲與愛的力量消融恐懼與憂傷，撫平創傷。如果集體意識被恐懼所籠罩，心靈沉淪使人性光輝蕩然。當你了解同化法則，善用你的天賦才能與能量創造美好事物，就可以為世界注入一分光明與希望，照亮陰暗角落，如同詩人與僧侶的光明心念為世界帶來無窮希望。

3 創造幸福生命奇蹟

溫煦言語吐露芝蘭芬芳
晶瑩眼眸澄澈似水
沈浸陽光明媚的季節裏
翠綠河畔波光粼粼

窈窕淑女秀髮飄逸如絲
枝頭燕雀愉悅飛舞
亮麗臉龐暈染盎然春意
曼妙姿影波心漣漪

睿智神采飛揚寂靜天空
纖柔玉指彩繪希望
勾勒澄靜心靈美麗夢想
法喜盈滿手采怡人

流暢法則

學習像流水般優雅韻律

琴音流動如詩殿堂，讓思想節奏像音樂演奏般流暢優雅，你就掌握宇宙最美妙的流暢法則。星系旋轉生命，生命豐富星系燦爛光輝，整個宇宙就像一座美輪美奐的歌劇院。想像你飛行流轉其間，參與宇宙交響詩演出。你的存在多麼神聖。彰顯你內在的光輝，讓生命優游流暢詩篇與悠揚樂音。唯有意識自己的美好，才能通過自己看見宇宙美好，你期盼的美妙事物，正悄悄進入你的生命情境，流暢無形。

隨機法則

生命無常的隨機法則

不要輕信宿命論，或將因果錯誤解讀，喪失悲憫之心。生命流轉隨機無常，如夢幻影。像琴音起伏的音符，你可以任意變化彈奏方式，演奏一曲婉約生命之歌，也可以彈出壯闊鋼琴史詩。境由心轉，這是個充滿想像力的宇宙，去除那些毫無創意，以恐懼桎梏人心的思想。你是宇宙意識的一部分，無拘無束演出自己的意識流轉。你絕對可以改變思維，進一步改變參與的宇宙，隨機即興，彈出自己的快樂頌。

忘我法則

忘記我的存在才是存在

所有攸關心靈的武術與藝術修練指向同一目標──忘我。神來之筆與靈感都來自忘我，忘了自我的存在，與宇宙意識合一，瞬間揮出完美的一擊。你必須像武術家或藝術家般勤於鍛鍊，忘我產生的巨大能量來自宇宙，融入宇宙整體的當下，宇宙賦予驚人的力量。這就是歷史上許多偉大心靈焠鍊的終極目標，不論從事何種藝術修練，心靈高度才是矢志戮力的目標，關注的焦點。真正得道的大師，漠視其他。

專注法則

專注當下產生巨大力量

專注內在心靈流動，專注當下，只想像擊中靶心的畫面，其他無關緊要，宇宙自會顯現心象成果。覺知當下的力量，體會專注當下的秘密，從這個當下到下個當下，心靈流轉間澄澈無痕的覺知油然升起。與宇宙意識合一的當下，專注目標，你可以驅動任何事物以不同形式來到面前，也可以準確擊中目標或創作精湛作品。如同進行冥想修練，藝術家以全生命投入創作的當下，你也可以創造自己多彩生命。

集中法則

集中可以毀滅一顆行星

星際戰爭中集中光束可以毀滅一顆行星，集中意識能量，揮舞球棒的瞬間擊中快速飛行的棒球。集中念力，可以提升心靈能力，穿越不同時空看見敵軍部署。心念的力量超越光速，量子物理學印證許多傳統物理學不曾揭露的宇宙實相，對照古代典籍也可發現。集中心念可以改變物質世界，甚至改變過去。這力量存在心靈深處，只要你懂得善用集中心念的力量，你一定可以改變你的生命軌跡，美夢成真。

即時法則

完美的時間與空間魔術師

面對瞬息萬變的賽事，只是注意比賽場敵我位置分布的推移是不夠的。以全像思維感知即時敵我態勢消長，是致勝關鍵。有智慧的指揮官擅長運用心靈感知的力量，幾近精準地預測敵軍行動，總在千鈞一髮，敵軍混亂之際，即時揮軍，發動攻擊，宛如完美的時間與空間魔術師。這即時感知能力與心念息息相關，敵對雙方都可精準了解對手意象，當然勝負取決於心念強大的一方，以迅雷之勢，即時出擊。

行動法則

行動產生綿綿不斷的續航力

經縝密思想勾勒藍圖，以持續熱情激發內在情緒，必然緊接果敢行動。行動開始當下，許多靈感湧現，即時編訂行動綱領，如同御風飛行，順勢而為，渠然天成。這是思想與熱望產生的力量，明確的藍圖召喚宇宙意識，為你調動所有能量，比如你的關鍵貴人突然現前，人脈自然開展，你的靈感自動為你修正行動步驟。更重要的是，你有一股不能放下，樂在其中的驅動力，那股潛意識驅策的決心與毅力。

慣性法則

我們今天的形象依據昨天的記憶呈現

當我們早上醒來，我們的顯意識恢復，全身細胞依昨天的記憶開始運作。生命各自依既定軌跡運轉，要改變習慣，必先改變思想心念，在心中默默冥想改變的樣貌，直到身歷其境般真實，一旦開始改變慣性，就不斷重複二十次、三十次直到心靈深處堅信不移，形成新的慣性。是的，妳絕對可以變得更耀眼，妳可以改變身材，妳也可以獲得想要的人際關係，一切都因改變思想改變了習慣。

律動法則

掌握像海一樣優美的律動

任何賽事與事件的進行，都有一定律動，只要內心澄澈，都可以掌握其中律動。順應律動依勢而為。只關注完成或致勝的意念，自然可以游刃有餘樂在其中，像海一般優美搖擺。舞蹈家深諳個中奧妙，每逢上場必先澄澈靜心，融入戲劇之海，隨波逐流演繹完美的生命美感。優雅的舞蹈藝術更加淨化舞者心靈，自然顯現肢體語言，展演生命美妙，勝過詩人創作詩篇般真摯動人，舉手投足盡顯詩意。

FERREIRA
12

平衡法則

遵循太極流轉的平衡感

陰陽、五行、太極，古老智慧流傳的宇宙法則多不勝數，其中平衡法則即是中道法則。金、木、水、火、土相生相剋，衍伸出風水、地理、勘輿與命理之學。宇宙萬物像液態流動般狀態持續改變，不斷求取短暫的平衡，如何在無常中演算短暫的平衡感，就成為上述玄學的基礎。其實體會內在小宇宙與外在大宇宙連結的事實，改變命運的關鍵就在自己內心深處的平衡與改變，你擁有用思想改變宇宙的力量。

SCS

黃金法則

宇宙任何星系共通的美學標準是黃金法則

宇宙以完美的幾何構成運轉，完美的曲線，完美的比例結構。宇宙是完美的設計師，精通音樂、幾何，完美的數學家。黃金比例的美學標準，呈現在宇宙萬物的生命體。在一隻蝴蝶的蝶翼上，在八色鳥身上，在人類身體，在天體運行的軌跡上完美呈現。宇宙共通的語言是符號，而所有符號的比例結構與美感全都符合黃金比例。麥田圈上完美的符號，就是外星符號藝術家向地球人類溝通的語言。

善念法則

夾帶善念的祈禱才能生效

民俗信仰傳統眾說紛紜，許多人誤以為有拜有保佑，只要向神明敘明住家、姓名與年籍，虔誠禱祝自己的願望，就會有求必應。其實心存善念才是祈禱生效的關鍵，只要心存善念樂於助人，對所遭遇的人事物心存感恩之情。不論你透過哪位神祈求，宇宙意識立即與你相應。而慈悲善念是接通宇宙意識最強有力的頻道。不是心存交換功德的迷信，甚至以放生來積蓄功德，對生命不友善的行為與心態可及。

想像力法則

你可以運用想像力想出幸福財富

你先在腦海看見自己跨過欄杆的姿影，感受跑到終點衝破絲帶的喜悅，然後現實世界你依照想像跨越一道道欄杆，以你自己想像的優雅身影穿越絲帶，接受歡呼。實現夢想的工具是明確的藍圖與熱情，但豐富的想像力讓你勾勒更生動的藍圖，你是你生命創作的藝術家，描繪心中完美的影像是你的功課。反覆練習想像力訓練，你可以運用本書後面章節的夢想板，拼貼你自己的夢想板，記得加入感動熱忱。

光明法則

當你憂傷時替自己寫一道光

有光的地方容不了黑暗，提醒自己就是一座燈塔，隨時光燦自己心房，也照亮通過自己的生命。作為詩人，書寫光明，透過詩篇在每個幽暗心房點上一盞燈。撫慰受創心靈，也安慰自己。作為一個幸福財神，戴上微笑賜福給祈福的旅人，更是光明使命。宇宙須彌山顛的光，宇宙核心的光會瞬間與你相應，只要心中有光。所有的藝術家創作應該心中有光，澄澈心靈讓你的藝術創作充滿光明能量。

能量法則

信念是可測量的能量

整個宇宙由意識與能量連結，心念與信念透過能量場的傳遞，無遠弗屆，不受距離時空限制。所以佛經記載佛陀講經說法時，十方國土諸佛菩薩瞬間到達會場，頂禮合十。心念是能量的傳遞，高於光速千百億倍，瞬間感應。宇宙是個訊息能量場，信念的力量可以讓達摩與耶穌水上行走，改變重力的狀態，只因心中信念堅如磐石。信念可以改變物質世界的結構，印加薩滿可以改變形體，你當然可以富裕。

SA 1
NEILPRYDE

豐富法則

宇宙是個神奇萬花筒

許多人只看到匱乏，但宇宙卻是豐富的萬花筒，豐富多彩不虞匱乏。仰望繁星如織，俯瞰草木綠意盎然。運用豐富法則在心象投射豐富的印象與滿足感，你會召喚如繁星般明亮的光明幸福，擁有如草木般豐盛的有形財富，那就是擁有豐富財富的情緒感受。走出室外試試看，運用想像力，感受擁有如此豐沛財富的感動與感恩。看看羅馬精雕細琢的藝術廣場噴水池，想像你去度假，彩色的畫面。

POSITIS SIGNIS ET ANA

多元法則

全像宇宙下的多元呈現

想像你是航行中帆船的掌舵者，跟大家齊一動作，駕駛五顏六色的帆船，清風拂面，陽光映照水面折射臉龐金光閃閃。每艘船都航向同一終點，卻各自在不同帆船上顛波前進。這就是多元呈現的宇宙，有人說我們是宇宙夢中的碎片，如果是，這真是一場繽紛夢境，無數生命不約而同航向彼岸。拾起你的纜繩，以愉悅心情體驗每一道旅程，帶給自己豐富多元的感受，做一場美夢，你並不孤單。

15
111
105
137
99
949

均衡法則

學習宇宙般均衡發展

宇宙星系分布星羅棋布，各自環繞一個中心旋轉。再環繞一個更大的中心旋轉。宇宙意識隨時保持旋轉狀態，在引力法則的運作下均衡發展。我們的生命也必須均衡發展，認清自己的生命特質，找出自己的興趣，發展自己的生命潛能，均衡發展。除了有形財富的追求外，藝術、文學、運動與心靈志業等心靈財富的積蓄，也應相對重視。心靈財富將帶來心靈富裕的感覺，這感覺又吸引更多有形財富。

動力法則

宇宙的運行重力加速度

一旦啟動目標願景的行動，宛如駕駛急速行駛的重型機車，一路向前，源源不斷的動力，讓你不需踩煞車，只需保持身形平衡，順勢而行。當你正走向成功的路徑，每一段突破加深你的信念，讓你如虎添翼，欲罷不能，這就是大者恆大的道理。當你熟諳心想事成的動力法則，不論你離終點還有多遠，那乘風飛奔的真實喜悅，會帶給你更多動力，因為你已經走向成功的軌跡，握緊方向就好。

YAMAHA
R1
YAMAHA

流動法則

放鬆身心徜徉流動的生命

讓宇宙法則更強效的法則之一是放鬆的流動法則，想像你漂浮水面的感覺，溫暖的陽光，清澈見底的水，給鬆弛的身心補充更多能量。喜悅、平安、溫煦陽光壟罩的愉悅心情，讓你的願望更易實現。在宇宙所有流動的能量中滋養自己，感受充滿愛的流水浸潤慈悲的心。運用流動法則，讓我們在追求成功的過程，隨時保持身心靈的平衡，事實獲得滋養。你也可以靜坐冥想，每天讓自己徹底安靜片刻。

智慧法則

宇宙是擁有超級智慧的意識體

生命意識的覺醒攸關智慧，知識的力量去除無知與恐懼。直接親近宇宙意識，宇宙是擁有超級智慧的意識體。人類的大腦潛能開發不到百分之十五，宇宙卻是百分之百開發的意識體，透過宇宙法則，直接接近宇宙意識，下載源源不決的智慧能量，作讓自己智慧增長的功課，去除死亡恐懼，認清肉身死亡只是靈魂意識重生的真相。再也無須畏懼死亡，在經歷生命回顧後，每個人都會進入光而重生。

創造法則

思想可以創造現實

思想是創造一切事物的根源，透過思想我們創造人類共同的文明國度。許多文明生活的發明，偉大藝術作品的創作，都是思想創造的結晶。我們閱讀詩篇、文學、量子物理學，聆聽交響樂、搖滾，學習各種藝術與創業都是創造的成果。藉由思想我們讓技藝精湛，藉由思想，我們累積集體與個人財富。只要我們充分運用思想，我們甚至可以集體創造更豐沛富裕的世界，締造與光明宇宙更緊密的連結。

JULY
IV

繽紛法則

宇宙是繽紛多彩的夢境

蝴蝶飛舞在群花中採蜜，輕盈飛舞的愉悅生命，伴隨人類希望與夢想的象徵，飛翔在我們心中。走出戶外，停下匆促腳步，用心欣賞生命奇蹟。滿懷感恩之情，讚嘆這繽紛宇宙如詩美麗。聆聽色彩合奏的田園交響曲，與偉大創作心靈合一。感受豐沛的能量源源不斷進入我們的生命，充實我們的心靈。這繽紛色彩與生命奇蹟，是投射映照我們思想的心靈印記，我們身體的分子結構必然繽紛活耀，邁向成功。

4 創造不朽生命奇蹟

誰在天空纏繞蜿蜒琴韻
誘引旅人寂寞的心
沿晶瑩絲線漫步雲端
愛情如斯遼闊

拿鐵咖啡釀造的海洋
飄浮思念攪拌的心
隨馨香羽化
舞動金色蝶衣

飛向地平線白色微光
妳唇印的杯延
伴嫣紅太陽墜落
濃情海洋

共生法則

所有生命情境是宇宙共生的夢境

演武展現對抗的力與美，所有生命情境是思想的投射，所有生命情境是宇宙共生的夢境。如果我們噩夢連連，我們共生的宇宙就充滿揮不去的夢魘。如果我們的思想投射光明夢境，我們共生的宇宙就充滿溫馨美夢。以愛為出發點，分享幸福，心靈富足將帶來取之不盡的資源與財富；以恨為出發點，搶奪資源，心靈貧困將帶來無止境的動亂與匱乏，這就是宇宙的秘密，萬法惟心，一切都在內心深處的覺醒。

富裕法則

宇宙是超大型遊戲場

這是一個富裕的宇宙，只要打開心眼，所見的一切以繽紛色彩呈現，花團錦簇，美不勝收。街道上、原野間各式生命流轉，以不同面貌展現豐富的樣貌。仔細觀察林蔭大道，行樹向你致敬，數不清的綠葉是你的財富。繁花為你綻放，不吝伸展美麗色彩，何況還有五光十色廣告上俊男美女對你微笑。這都是你無盡的財富，當你的心眼映入這麼多富裕的印記，你的好心情吸引更多富裕進入你的生命。

IMAGO MEXIKO

循環法則

宇宙萬物都在看不見的絲線中循環

水蒸發成雲，雲降落成雨，凝結成冰，融化為水。星系坍塌不斷重組，生命不息，不斷輪迴。宇宙萬物都在看不見的因果中循環不已。成住壞空，意識流轉生生不息，這是宇宙意識的夢境，也是真實的存在。明白這個真相後，我們再也不應自覺渺小，或恐懼死亡。應該體會自己是宇宙不可分割意識的一部分，我們是不朽的。我們在生生不息的循環中生死流轉，看遍宇宙眾多生命無盡的愛，彰顯慈悲。

慈悲法則

慈悲是宇宙最偉大的力量

這是一個以慈悲連結的宇宙。愛因斯坦說這是個友善的宇宙嗎？是的，這是個友善的宇宙，當你意識到宇宙無所不在慈悲的力量，藉著為跟上媽媽腳步，握緊布娃娃邊走邊跳的小女孩，藉著駐足窗前凝視的小麻雀，宇宙向你展示友善慈悲的面貌。透過這小小天使，生命奇蹟就在你周遭，睜開眼睛，打開心眼，你就看得到。保持愉悅心情，慈悲友善的宇宙環繞著你，處處都有你的守護神，處處遇見小天使。

IN·AERVMNA·MEA
DVM·CONFIGITVR·SPINA

永生法則

生命不朽永不止息

生命不朽，只是不斷轉換型態，像流水般在生命洪流載沉載浮。許多宗教解釋不同的情境，但真相始終只有一個。那就是生命可以非物質形態存在的事實，所以我們目前只是暫住物質身體的靈魂，物質身體逐漸成長凋零，但精神靈魂不斷成長昇華。直到我們再度從衰朽的身體漂浮，回復非物質靈魂的狀態。停留在充滿慈悲與愛的他次元空間，靜候時機，再進入物質身體，學習未臻完美的靈魂進化課程。

IN·FLAGELLA
PARATVS·SVM

5 製作自己的夢想板

實現願景最強效的夢想板

編織夢想的藍圖，在腦海投射鮮明影像，夢想板是最強效的工具。以下幾頁都有作者置入的影像。你可以在右頁詳細敘述你心目中的具體目標，鉅細靡遺。在次頁提供你剪貼你的夢想影像圖片，你可以從各種雜誌尋找符合你想像期盼的圖片，別客氣，這是你的訂單憑據。

FEDERAL RESERVE NOTE
DG 26346405 A
G7
THIS NOTE IS LEGAL TENDER FOR ALL DEBTS, PUBLIC AND PRIVATE
SERIES 2003
UNITED STATES OF AMERICA
DG 26346405 A
ONE HUNDRED DOLLARS
DL 86390280 A
L12
EC 36829858
EK 09358481 A
AD 40017546 A
BH 91221173 A

豐沛的金錢財富

在右頁寫下你要實現的目標

FEDERAL RESERVE NOTE
AB 39759569 E
B2
THIS NOTE IS LEGAL TENDER FOR ALL DEBTS, PUBLIC AND PRIVATE
100
ONE HUNDRED DOLLARS
FRANKLIN

豐沛的金錢財富

剪貼你要的影像

身心靈和諧

在右頁寫下你要實現的目標

身心靈和諧

剪貼你要的影像

心靈伴侶

在右頁寫下你要實現的目標

剪貼你要的影像

心靈伴侶

浪漫愛情的滋潤

在右頁寫下你要實現的目標

浪漫愛情的滋潤

，剪貼你要的影像

幸福家庭的滋養

在右頁寫下你要實現的目標

幸福家庭的滋養

剪貼你要的影像

如花綻放的婚禮

在右頁寫下你要實現的目標

剪貼你要的影像

如花綻放的婚禮

享受大自然恩典

在右頁寫下你要實現的目標

享受大自然恩典

剪貼你要的影像

品味休閒

在右頁寫下你要實現的目標

品味休閒

剪貼你要的影像

環遊四海

在右頁寫下你要實現的目標

環遊四海

剪貼你要的影像

像交響詩般燦爛

在右頁寫下你要實現的目標

MOZART
MDCCLVI · MDCCXCI

像交響詩般燦爛

剪貼你要的影像

分享豐盛饗宴

在右頁寫下你要實現的目標

分享豐盛饗宴

剪貼你要的影像

心靈城堡

在右頁寫下你要實現的目標

心靈城堡

剪貼你要的影像

6 永恆財富的秘密

沈靜無痕的藍光穿透虛空
跨越宇宙時空星際之門
逃脫黑洞龐然訊息悠然湧現
愉悅能量躍然昇起

清朗無聲的漣漪靜默波動
樂音清脆晶瑩如水
無邊天際飄渺曼妙低迴
褪去黑暗心靈渲染

澄澈光暈映照心中彩虹
潔淨心靈照見喜悅繽紛洋溢
希望女神揚起雪白羽翼
自由靈魂迎風飛翔

藝術品味

藝術品味是永恆的心靈財富

學習欣賞美的事物，不一定投入創作。不論音樂、舞蹈、繪畫都可以讓心靈養分滋長。藝術修練是無形財富，讓心靈獲得平靜富足的感受。如果你是創作者，藉由藝術創作散播光與熱，豐富自己也分享更多生命精神生活。米羅不停止創作，直到九十二歲安詳往生，手上握著畫筆。貝多芬晚年以詩人席勒的詩篇改編創作快樂頌，詩人向明八十八歲發表新詩集與詩觀評論，他們都知道生命不息的秘密。

PUTERILE
ADORMIREA

慈悲與愛

慈悲與愛把萬物連結

所有宗教都提到愛的真諦，慈悲與愛使靈魂不斷進化，心靈愈趨澄澈，在一次次生命輪迴過程中，達到接近宇宙意識的境界。我們體會宇宙生命一體，萬物相連的真理，油然升起悲憫之心與善念。當我們依循宇宙法則創造更多財富，同時分享更多有形與無形財富，我們更珍惜與其他生命的互動連結，更懂得尊重其他生命的處境，慈悲與愛將充滿我們的內心與周遭，那是宇宙最偉大的的力量。

心靈財富

心靈財富是永恆財富

不論累積多少幸福財富，我們終將度過這精采一生。有人在年老之際，停止學習新事物；有人卻不停思考創作，不斷向世界發聲，貢獻心力。明白生命實相的智者，知道生生不息的秘密，一如尋常生活創作學習，不斷累積心靈財富。而無知的人只知積聚有形財富，開始擔心無法隨身的貨幣財富，那真是一場如實悲劇。創造有形財富的同時，不斷累積心靈財富，這才是真正擁有永恆財富的生命行者。

參考書目

1 查爾斯・哈奈爾 Charles Hanel 原著，福源譯，《世界最神奇的24堂課》，台北，德威國際文化有限公司，二〇〇七年八月。

2 桂格・布萊登 Gregg Braden 原著，達娃譯，《無量之網：一個讓你看見奇蹟、超越極限、心想事成的神祕境地》，台北，橡實文化出版，二〇一〇年二月。

3 朗達・拜恩 Rhonda Byrne 原著，謝明憲譯，《The Secret 秘密》，台北，方智出版社，二〇〇七年七月。

神秘引力相互遞出
無遠弗屆的愛
交織宇宙繁星如絲纏綿
無邊迷夢

披上天幕靜默冥想
各自升起狼煙
眾神的話語迴盪天際
愛無隔閡

須彌山巔光燦耀眼
天使雪白羽翼漫天飛舞
喜悅旋律盈滿
心靈國度

幸福財神 1

幸福財神來敲門
比秘密更強大的宇宙法則

作　　者：許世賢
美術設計：許世賢
出 版 者：新世紀美學出版社
地　　址：台北市民族西路 76 巷 12 弄 10 號 1 樓
網　　站：www.dido-art.com
電　　話：02-28058657
郵政劃撥：50254486
戶　　名：天將神兵創意廣告有限公司
發行出品：天將神兵創意廣告有限公司
電　　話：02-28058657
地　　址：新北市淡水區沙崙路 25 巷 16 號 11 樓
網　　站：www.vitomagic.com
電子郵件：stevensr888@yahoo.com.tw
初版日期：二〇一六年十月
定價：二八〇元

國家圖書館出版品預行編目（CIP）資料

幸福財神來敲門 ： 許世賢著 . -- 初版 . -- 臺北市 ：
新世紀美學， 2016.10
面 ；　公分 --（幸福財神 ； 1 ）
ISBN 978-986-93635-7-0（平裝）
1. 吸引力 2. 心靈學 3. 成功法 4. 自我實現
177.2　　　　105018708

新世紀美學

旭昇悅讀網 www.ubooks.tw

開悟的貓 www.dido-art.com